AF354497

Soy zig-zag de mí...

Historias de ti y de mí.

(Poemario)

**Javier Alises
Fernández**

© 2010 Bubok Publishing S.L.

1ª edición

ISBN: 978-84-9916-713-8

DL: M-18590-2010

Impreso en España / Printed in Spain

Impreso por Bubok

*"Lo que va a permanecer
del mundo es la belleza
escrita."*

J.R.J.

Presentación

"Cras amet qui numquam amauit,
quique amauit cras amet."
PERVIGILIUM VENERIS[*]

---

[*] Traducido: "Mañana amará quien hoy no ama, y mañana seguirá amando quien hoy ama"

Un sueño

¡Prestadme una palabra
y crearé la felicidad!

Cuando mi vida se interrumpe,
*lejos de hipocresía **rosa**,*
por un aliento de vida,
*por el aliento de **Amor**.*

¡Dadme amigos
y no tomaré a ninguno!

¡Oh, fugaz juventud troyana!
***Estrella** sabia de tormento,*
***Gloria** de los hados amigos,*
***Amor** por el aliento.*

¡Dadme tiempo
y lo desperdiciaré!

Destruida la Troya maldita,

*morriña a fragancia de **Rosa**,*
mas con la médula vacía
*renace el sentido, **amorosa**.*

¡Ofréceme el verbo
y crearé carne viva!

Cándida mirada de Venus,
*envidia angelical de **Roma**,*
*codiciosa sonrisa **rosa**,*
*por el aliento de **Amor**.*

¡Dadme un verso
y no escribiré nada!

Cuatro vidas ya se perdieron,
Más hasta doce esperar yo puedo.

¡Dadme fantasía
*y me dirás que **Sí**!*

La vida continúa su camino
*envuelto en **Rosa**,*
envuelto en felicidad
*y por fin **amorosa**.*

¡Dadme cariño
y yo lo tomaré!

Una experiencia adivina,
un sentir inhumano,
compartir cuatro meses...

¡Dadme la mano
y yo tomaré el brazo!

Triste día, abre los ojos,
y tú sigues ahí.

*Un **año** con sus meses,*
un día con sus horas,
*un **adiós** y un no olvido.*
La vida mal... continúa.

¡Buscad el sentido,
encontradlo que lo pierdo!

Viajamos y amamos.
*Sentimos **otro** engaño.*

¡Dadme... no me des nada!

Despertar un día.
Descubrir un buen día.
Tener una esperanza...

Aquella es la elegida,
Ella... no ama.

¡Dadme amor
y yo lo devolveré!

Lo prometo...

Primera parte

"...caminante, no hay camino,
se hace camino al andar."
ANTONIO MACHADO

Un ruego

Si quisieras ser amable
amable ahora, ¿qué pensarías?
Pensarías más en ti,
en ti lejos del olvido.
Mi poesía esperaría,
dormida;
mas no, el Leteo libaría.

Lluevo

*"El sentimiento es una flor delicada;
manoseándola se marchita."*

LARRA

*Jardinero solidario,
constructor de vanidades,
descubre, aquí conmigo,
la verdad de libertades.
¡No cortes una rosa!*

*Marinero de agua dulce,
artesano agricultor,
poeta pleno de nubes,
universo cantautor.
¡No cortes una rosa!*

*Como bien sabes, poeta,
una flor sigue, aún, siendo,
la flor de cerezo más bella,
en agua turbia flotando.
¡No cortes una rosa!*

¡Jardinero, marinero!
¡Poeta!
¡No cortes una rosa,
créala!
¡No cortes una Rosa,
ámala!

Versos,
que me dais poesía.
Poesía,
que mostráis mi amor.
Tiempo,
que me hacéis polvo.
Polvo,
que sois enamorado.

Escribo **versos**,
mas no es **poesía**.
Polvo **seré**,
mas **polvo** *enamorado.*

La noche

La noche,
entre susurros de alboroto,
pregonaba a gritos
lo que iba a suceder.
***Nadie** sabía cual iba a ser el final*
y pocos lo atisbaban.

Silencio, teatro...
y poco después el cuerpo yacía tiritando
y consciente, en el suelo.
*Sólo **ella** salta,*
luego le acompañan.
***Nadie** duda **si** continuar con la farsa.*
Todo transcurre con una eterna rapidez.
El suelo deja de temblar
y el cuerpo, que es dejado muerto,
es arrastrado al frío

y se desliza torpemente.
No reaccionaba el público,
sino poco después;
dudaba entre verdad o verosimilitud.
En la fría noche el actor descansa,
mientras amigos y familiares sollozan:
"La farsa ha ido demasiado lejos."
Y la preocupación se palpa en el aire.

Llegado su fin y mostrada la farsa,
llega la tormenta
y el temor de perder en unas horas
lo que se ha ganado después de muchos años.

No se juega con las enfermedades.

El farsante recibe su castigo
y llorando ve como se aleja de sí
todo lo que ha conseguido en su vida.
Todo lo que ama.

Perdón

*Perdón, son seis letras
difíciles de pronunciar.
Perdón, de un amigo
que ha fallado de verdad.
Perdón, para mantener
unida una buena amistad.
Perdón, te pido ahora,
y te lo digo de rodillas.
Perdón, porque me importas
y sufro haberte hecho daño.
Perdón, por favor.*

Sin dueño

Nadie siente como yo mismo
la desdicha
de amar con toda su alma
y no ser reconocido.
En la ciudad, fuera de toda relación,
la cabeza piensa sólo en una osadía:
dar el salto al vacío,
o atormentarse de por vida.
Lo más fácil es saltar,
pero lo más heroico es aguantar.
Nadie *es un héroe.*
El valor está en los hados.
Yo mismo como siente ***Nadie***,
Nadie *como yo mismo siento.*

Soneto

Historia de una muerte anunciada;
mientras, el viento bate las ventanas
y las cortinas juegan a fantasmas.
Historia con una muerte anunciada.

El crepúsculo ya es agua pasada.
Ríos de lágrimas son las sábanas
que recoge el odio que aún amas.
Historia con una muerte anunciada.

Todo por un amor, por una pérdida,
por un atardecer que ya no es rojo
porque conoce bien qué se avecina;

por no coger mis rosas con arrojo;
porque la flor nació ya muy marchita.
Historia de una muerte que deshojo.

Luciente flor del alba
dame de beber tu rocío
en tus pétalos mañaneros.
No esperes al lucero
que yo perderé el rocío
una mañana más.

Mañana amanecerá
y perderé de nuevo...
una mañana más.

Sólo sé que no sé nada

Sólo sé que no sé nada,
dijo el filósofo griego;
nadie sabe lo que yo pienso
y sólo nadie sabe lo que siento.

El amor es el centro de la vida,
lo necesita todo hombre;
yo creí encontrarlo,
pero me equivoqué. Soy un hombre.

Es duro admitir que el amor
es un sentimiento muy variable:
hoy te quiero, mañana te veo con otro.
Uno se plantea si es amable.

Lo más gracioso del amor
es que uno se hace el cariñoso,
por conseguir algo que está lejos de tu alcance
y viene otro y se te queda cara de bobo.

Tantas ilusiones,
tantas noches sin dormir,
para que un día me digas "sí"
y yo no sepa que decir.
Te quiero, yo lo sé,
y por eso respeto tu voluntad;
pero como dice la película:
siempre nos quedará... la amistad.

El olvido no existe,
sólo la intención de olvidar.
El amor no existe,
sólo la intención de amar.
La amistad no existe,
sólo la intención de...

Nadie te echará de menos.
Nadie te pondrá triste.
Nadie recuerda lo gracioso.
Nadie sabe lo del embiste.

Feliz viaje;
feliz estancia;
triste día;
triste forma de ver la realidad.

Todo se pasa;
todo llega;
todo se termina;
todo...

Gracias por admitir las disculpas;
gracias y me despido;
gracias porque te quiero;
gracias...

Leyenda

LA FLOR QUE ERA UNA NINFA

Aún no había terminado Apolo con su recorrido celestial a bordo de la cuádriga dorada, cuando la más bella de las ninfas, con forma humana, salió de su cautiverio diario. Esta ninfa de larga melena azabache, de ojos oscuros y brillantes cuan el vacío del mundo que sostiene con su gran corpulencia Atlas. Era conocida por todas las ninfas y dioses con el nombre de Rosa, por el color suave que mostraba su tierna piel rosácea, que derretía de amor todo lo que tocaba.

Todos, hasta ella, desconocían el origen de esta bella criatura, aunque corría en boca de todos que la ninfa tenía como padres al excelentísimo Sol, de fabulosos cabellos dorados, que parecen blancos por la luz que irradiaban, y a alguna otra ninfa, o posiblemente la misma Venus. Esto se decía porque apareció un brillante día entre todas las ninfas, en una canasta, desconociéndose el padre y la madre. Lo que sí apareció junto al bebé era una nota en la que se le prohibía salir mientras el Sol realizase su recorrido. Esta norma la siguió ella de la misma forma que presuponía la paternidad de Apolo, y se creó su propio encierro diurno.

Cuando en el horizonte se veía una hermosa esfera llameante esconderse tras las aguas del mar, Ulises tomaba tierra en la isla, con toda la tripulación. La alegría y la fiesta les acompañaba en su regreso a Grecia, después de diez años de luchas a las puertas de Troya. Fue una estancia rápida para tomar alimentos, labor que se alargaría por el grado de embriaguez de todos los marineros.

Ante los gritos, cantos y risotadas, rosa se vio sorprendida. Era la primera vez que veía varones y recorría todo su cuerpo una gran curiosidad. Mantuvo fija su mirada en alguien. No parecía un hombre como los otros, parecía el jefe al que llamaban Ulises. Se trataba de un varón alto, fuerte, de tez curtida y barba con varios días sin rasurar. Esto último le fue impactante, pues no había visto antes a nadie con vello en el rostro. No les prestó mucha atención porque le habían contado de los hombres que solían llegar a la isla, pasaban unos días en la isla sin molestar excesivamente y terminaban marchándose; aunque se narraban las guerras que hacían inútilmente entre ellos. Por lo que rosa, enseguida, pensó en marcharse del lugar.

En ese momento giró la espalda hacia los danaos y la claridad rosada de la piel, con los últimos rayos de luz, hizo que Ulises moviera la cabeza hacia la figura, de espectaculares formas, que se marchaba. No se puede saber si fueron los hados o el alcohol, empero en el cuerpo de Ulises se produjo un cambio, sufrió un escalofrío que le dejó el recuerdo imborrable de aquella maravillosa figura.

Cuando por fin pudo reaccionar tomó a dos de sus hombres de confianza, Poliptalion y Galio, y retrasó el zarpar de las embarcaciones. Se internaron entre el follaje de la isla con cautela y con antorcha. Las ninfas se asustaron ante aquel cambio tan repentino de los hombres.

Mientras esto sucedía, Rosa se encontraba ya tomando un baño en las plácidas aguas de una sinuosa poza que se había formado con las aguas despistadas del río Niño. Sólo la luz de la luna veía este suceso.

El joven héroe consiguió dar con las cristalinas aguas de la poza y con el cuerpo desnudo de la ninfa. Entre la suave maleza y la tenue luz que mostraba una luna menguante, pudo ver con claridad el cuerpo cándido de la crisálida. La muchacha al escuchar, en el silencio de la noche, el crujir de las hojas corrió a taparse. Aunque ya era tarde; Ulises estaba de pie y frente a ella y por un extraño embrujo quedaron ambos, uno frente al otro, hieráticos, mirándose fijamente a los ojos y sin tocarse. Parecía que se conocían desde niños y se comunicaban sin mediar palabra. Ambos perdieron la noción del tiempo y del espacio; la fuerza de Cupido parecía estar entre ambos y Venus divisaba muy interesada la escena.

En esto que se presentó Poliptalion haciendo un ruido con las ramas. Este sonido hizo despertar a Rosa de su trance y romper con la sintonía mantenida con Ulises, con lo que salió corriendo y asustada. En esto, Ulises cayó en el suelo dolido en el corazón por la flecha de Cupido y viéndole Poliptalion tendido en el suelo, le creyó herido de muerte, y no de amor. Así que corrió tras la culpable.

Cegado por el odio hacia la ninfa, tomó en su mano izquierda el arco y la derecha la echó a su espalda con la intención de sacar una flecha del carcaj, una de aquellas que le fueron robadas a Eneas en el asalto a Troya y que eran conservadas con sumo cuidado como reliquia de la victoria conseguida. Pero en ese momento sólo pensaba en su amigo y jefe Ulises, que poco antes había visto en el suelo y que ahora corría tras él gritando. Pero Poliptalion estaba ciego y sordo a lo que ocurría a su alrededor y sólo tenía en mente la venganza contra aquella ninfa.

Colocó la flecha en la tensa cuerda, se detuvo, apuntó con la flecha, tensó el arco hasta hacerlo sonar cuan arpa de Nerón, colocó el extremo de la flecha de tal forma que le roza la mejilla y ese instante soltó la cuerda y la flecha, templando con fuerza en la mano izquierda el arco y haciendo sonar el instrumento de guerra su canto de muerte. La flecha parecía temerosa; sabía cual era su destino, aquella tersa piel rosada iba a ser atravesada. Así terminó alojándose en el costado de la muchacha, atravesándole el corazón y dejando abiertas dos heridas mortales.

Ulises corrió a su lado, recriminando al que había sido su amigo, mientras llegaba Galio junto a ellos. Tomó con suma delicadeza el cuerpo casi sin vida y desnudo de Rosa. Le había robado el corazón momentos antes y temía perderla. A Rosa ya no le quedaban fuerzas, sin embargo pudo decirle a Ulises: "Te echaré de menos, te..." y en ese momento el cuerpo quedó inerte y tendido en el suelo.

Se acercaba la mañana y las puertas de Oriente se abrían mientras Apolo tomaba las riendas de la cuádriga. El cuerpo de la ninfa al ser tocada por la luz del amanecer tomaba una extraña transformación, teniendo por testigos a los tres varones. El cuerpo parecía filtrarse por la tierra al tiempo que se alargaba con la flecha incrustada. Esta última empezó a formar parte de su figura. El cabello blanqueaba hasta que se convirtió en un hermoso capullo blanco y virginal. Ya estaba fuera Sol, cuando la flor se abrió mostrando la belleza de cada uno de sus pétalos.

Ulises, en un arrebato posesivo, intentó coger la flor y llevarla con él, esa era Rosa y no quería alejarse sin ella. Alcanzó su mano el tallo y en ese mismo momento se pinchó con una espina dura cuan punta de flecha. Del pinchazo surgió un hilo de sangre que cayó sobre la rosa y se dejó teñir.

Ulises triste tuvo que marcharse de aquel lugar con unas ideas rondándole la cabeza: "aquella flor de Rosa era dura y espinosa por fuera, como una armadura contra el egoísmo del varón; sólo el hombre y su amor pueden arrancar esas espinas que no dejan ver al ser tierno y sensible que en su interior está sintiendo un intenso dolor. Sólo el que ha amado o ama sabe cómo es por dentro." Además se percató que si la flor de Rosa se dejó teñir con su sangre fue porque la pasión amorosa de Rosa seguía viva.

Estaba en estos pensamientos mientras increpaba a sus hombres para zarpar rápidamente. No quería hacer más daño ni destruir más vida; ya tenía suficiente con haber destruido la de Rosa y la suya.

Segunda parte

"Porque a quien dices el secreto,
das tu libertad."
LA CELESTINA (Acto II)

A las Rosas

*Profunda y dolorosa mirada,
que al sostener tu existencia
de naturaleza florida,
se tornó toda en inundada.
En la soledad oscura...*

*Imposible conocer
las espinas de una flor,
nascida cada una
de un momento de dolor.
En la soledad oscura...*

*A la vista, bella, rosa:
Al oído, agradable, rosa.
Delicada al tacto, rosa;
y el corazón difícil de hallar.
En la soledad oscura...*

*Las espinas se interponen
al que retirarlas quiere;
y aunque por ello pierde
desea descubrir el amor
en la soledad oscura...*

*Rosa, de las flores reina.
Tú das al campo vida;
tú a mi corazón color;
dale al tuyo pasión.
En la soledad oscura...
el recuerdo de un camino.*

O camiño de Santiago

*Amanecía a medias,
cuando ya se había formado
una hilera de hormigas
con un destino marcado:
llegar a Santiago
como se anda una vida.*

*Es un duro caminar,
paso a paso, día a día,
y tiempo para pensar.
El cuerpo sufría,
el mal tiempo lo imponía
por delante una amistad.*

*Es difícil seguir
cuando el dolor inunda,
cuando te puedes ir*

en la siguiente fonda.
Pero no importa la forma
sin el fondo: vivir.

Santiago ya está cerca
se deja sentir en el corazón.
Las meigas ya están cerca
se dejan sentir en...
Se acercó el amor,
Santiago ya está cerca.

Un viaje con principio
y con fin no deseado.
Una llegada alegre
y tristeza no deseada.
El fin es el principio
de una historia no empezada.

De ti y de mí

Copa de dulce licor
que aplaca mi sed de vida,
que llena y tiñe rosa.

Flor, se yergue, temerosa,
afilando sus espinas
en la rueda... amor.

Luz que, rosada, alumbra
el abismo interior,
desatado y sensible...

ojos, envidia de Venus;
mirada plena de amor
y dolor que es un fin.

Unidos eres, soy y somos.
Unidos... una flor...
Unidos... una Rosa... en mi jardín.

Canción de cuna

Luna llena, luna llena,
rosa blanca de la noche;
flor de luz, mi sentimiento,
acompaña en el olvido.

Luna llena, luna llena,
Rosa blanca de la noche.

Conjuros al atardecer;
caminos; guías de vida;
pesimismo;
optimismo.
Así soy yo...
Y qué le vamos a hacer.

Soneto inacabado

Riela la blanca luna hacia levante;
mientras luce, bermejo, el poniente.
¡Vete niña linda, sigue adelante!,
que el tiempo corre, huye y no se siente.

Soy, junto a ti y tu mirada, cambiante;
eres obscura, reposado ambiente,
y sentir dulce, mas lindo amante:
todavía en tu mirada se siente.

[...]

"verso sin terminar, poeta eterno"
Gerardo Diego

Bella doncella de la naturaleza,
torpe cosa es no saber música,
como no saber letras.

Mas, tú conoces ambas ciencias
y presupones tu torpeza,
¡Despierta a tu inteligencia!

Sí, te quiero

Si te quiero
no es porque te lo digo:
es porque me lo digo y me lo dicen.
El decírtelo a ti ¡qué poco importa
a esa pura verdad que es en el fondo
quererte!...
El mundo, según lo voy atravesando,
que te quiero me dice,
a gritos o en susurros.
Si te quiero
no es porque te lo digo:
es porque te quiero.

Historias...

Historias de una noche de verano:
historias de amor en una esquina;
historias de una vida de dolores;
historias sin principio y sin fin; historias
que no son más que historias;
historias... **historias de ti y de mí.**

Tercera parte

"La literatura es una aventura del ser"
JEAN-PIERRE RICHARD

I

La luna se fue,
han salido las estrellas,
el cansancio embriaga mi cuerpo,...
Pero yo espero a que salga la luna,
mi luna,
mi luz nocturna
y mi amor.

II

Amb les primeres flors de abril,
sóc feliç;
amb les segundes flors de abril,
em dic feliç;
amb terceres flors de abril,
tu, cóm et dius?
Avui són nou, avui,
tu, que dius?
Que son u més vuit.

Con las primeras flores de abril,
soy feliz;
con las segunda flores de abril,
me llamo feliz;
con terceras flores de abril,
¿tú, cómo te llamas?
Hoy son nueve, hoy,
¿tú, que dices?
Que son uno más ocho.

III

María, está aprendiendo a andar.
Usa bastón, pero no le deja avanzar.
El cariño al bastón crece
y no ve que le entorpece.
María no puede andar;
pero con una nueva vida interior.
Sin el bastón como necesidad...
Llegan al mundo dos nuevas vidas.

IV

Me gusta verme reflejado
en tus enormes espejos,
creo que estoy dentro de ellos
y que a ti pertenezco.

V

Oh versos, sed vosotros
quien narréis mi amor;
sólo encuentro en vosotros
el silencio de mi dolor.

VI

La luna llena,
rosa blanca de la noche.
Flor, luz de mi sentimiento,
acompáñame en el olvido.
Luna llena.

Excusas

"Los optimistas crean proyectos,
Los pesimistas inventan excusas";
Es una pena que sea anónimo,
Porque esta es mi vida: excusas.

Disfruto proponiendo proyectos,
Pero antes de iniciarlos, antes,
Ya he inventado excusas,
Por si el proyecto no es viable.

Creo que la solución al problema es fácil,
No debo poner excusas, excusas, excusas.
Al primer proyecto: enfrentarme...
Y olvidarme de excusas, excusas.

Excusas.

Cuarta parte

"Nadie me dijo nunca que la pena fuera
una sensación tan parecida al miedo"

ANÓNIMO

PENSAMIENTOS

*Nadie me salvará de este naufragio
si no es tu amor, [...] el norte que pretendo.*
Miguel Hernández

I

*Sencilla flor de jardín...
un día serás un verso.*

II

*Yo soy Zig-zag de mí...
... Historias de ti y de mí.*

III

*Si el amor y la amistad
pudieran ser medidos,
yo no podría medir
vuestro amor y vuestra amistad.*

IV

Detesto la vida que me tocó vivir

V

*La felicidad es un pájaro azul
que se posa un minuto de nuestra vida,
pero levanta el vuelo...*

VI

La amistad es lo último que se pierde.

VII
Escribo versos,
mas no es poesía.

VIII

Dadme un verso…
Y no sabré escribir nada.

IX
Poesía es lo que se siente.
Poesía es amor.
Poesía por ti.

X

Sólo hay una cosa que no se pierde:
el olvido

XI

Ayer te besé
y no pasó nada.
Ayer te besé,
pero fue en la cara.

XII

Sin ti, mejor destierro.
Donde, al menos, podré imaginar:
te tengo cerca,
te tiento con mi mano.
La distancia es el olvido,
la cercanía la imaginación.

XIII

*Triste fin para el alma enamorada
que enfría el corazón con la razón humana.
Al final, después de una travesía
por el mar del Leteo: el alma olvidará,
el alma perderá el fuego encendido
y llegará a una tierra...
donde habite el olvido.*

XIV

*Tu piel desearía,
tersa, rozar con la mía;
suaves, besar las mejillas;
calor, sentirte
y el corazón tu latido.
Aquí mi medio corazón.
Latir contigo,
ser un corazón,
un pulmón,
ser uno y dos,
dos y uno,
uno.*

XV

Soledad,
triste historia,
de mi memoria.
Yo también soy así:
mortal. (¿Y qué?)

XVI

He olvidado el sentirme querido
y enamorado por el calor…
Duele…
Sólo pienso: ¿algo queda?
Lo último es perder… espero.
Llevo años esperando.
¿Qué espero?
No hay calor, sólo décadas.

Muerte o esperanza

"Se cayó un fresno"…
Empezó escribiendo Octavio Paz.
Se cayó y no ha vuelto.
Se quemó un pino…
Sigo yo escribiendo de nuevo.
Se quemó y no ha vuelto.
Se taló un nogal…
Termino escribiendo de viejo.
Se taló y no ha vuelto.
Se murió mi yo…
Se murió y no ha vuelto.

Ahora que no hay nada,
 ni fresno,… ni pino,…
ni nogal,… ni nada,…
Ahora, en el desierto,
parece sorprendente ver,
cuando todo parece muerto,
todo vuelve a renacer.

Epístola

MI
QUERIDA

Mi querida:

No me he podido resistir. No he podido domar este espíritu. No he podido... y lo he tenido que dejar. No quiero que se desboque, pero será libre.

Qué difícil es empezar a escribir, aunque ya lo haya hecho yo en mi cabeza unas mil veces. Es cómo cada vez que me cruzo contigo y... te veo... tan hermosa... que no me atrevo... pero al final... resumo todo en cuatro palabra: *¡Qué guapa vienes hoy!* Me avergüenzo y...

El otro día me sorprendí mirándote. No sé qué me pasaba. Creo que me fijaba en tu gesto. Movías los labios y no entendía nada. Bonito lunar (pero eso no te lo dije porque no sé si te gusta, a mí me encanta).

Seguro que ya lo sabes, no soy muy discreto. Y el sólo hecho de saber que lo sabes me avergüenza aún más. Aún recuerdo la respuesta contrariada a un halago mío, que fue una flecha, y no exactamente de las de Cupido. No sé qué puedo hacer para que te sientas bien, pero si una es la de no halagar… déjame ser tu no halagador particular.

La gente me dice que te quiero, aunque no saben que eres tú. Me lo notan al hablar, eso dicen. Pero seguro que tú no me lo notas, ¡por favor, dime que es así, que me sonrojo! Pero creo que no te quiero porque me lo digan, sino porque me lo digo; tengo una lucha interna por quererte y evitarte. Unos días gana uno, me sonríes y me hablas, otros días otro, con tus gestos de evitación.

No hagas caso a estas manchas garabateadas en una hoja besada si te molestan. Mi alma y mi corazón tienen su duplicado en ella. Pero cada carta que envío, cada amor que me desprecia, van reduciendo los que porto en mi pecho.

Hasta pronto querida… que estas líneas no se queden en una despedida.

Tú halagador invisible.

Cuento

LOS AMIGOS EN LA ESCUELA

Érase que se era una vez en un lugar muy, muy, muy cercano, una misteriosa escuela donde se encontraba un profe de lengua muy, muy solitario. A este profe le llamaban Abecedario porque se dedicaba a enseñar las letras y sus conjuntos. También dedicaba mucho de su tiempo a colocar los almacenes de libros en las estanterías. Era muy solitario y se sentía solitario, aunque nunca estaba solo.

En la escuela había otros seres que le hablaban muy cariñosamente, pero que, y Abecedario lo sabía, cuando no estaba le mostraban mucho cariño. Hasta el punto de provocar situaciones en las que nuestro querido amigo quedaba en ridículo delante de todos. Abecedario era muy trabajador y procuraba no hacer mucho caso de estas situaciones. Así que cada vez se sentía más solitario.

Un buen día aparecieron unas nuevas criaturas por el misterioso lugar. Era gente que no conocía a Abecedario y no le iban a prejuzgar. Él sabía que los seres que habitaban ese lugar iban a buscar dominar las conciencias y comportamientos de las nuevas, porque ya había ocurrido en otras ocasiones. Por eso, Abecedario, no tenía muchas ilusiones puestas en mantener conversaciones con estos nuevos seres.

Uno de ellos le pidió muy pronto ayuda. Alfabeta era una chica que tenía muchas cosas en común y pronto supo que se iba a llevar muy bien. A los dos les gustaban las mismas cosas: las letras, explicarlas, coleccionarlas, formar conjuntos,… incluso leerlas. Además se contaban sus problemas, como que a Alfabeta siempre la llamaban Analfabeta y ella lo pasaba muy mal. Pero a ella le gustaba que le llamasen Alfa.

Las otras tres chicas que llegaron a la escuela fueron: Biología, Letter y Estilográfica. Biología y Letter iban siempre muy juntas. Parecían tener miedo a enfrentarse a los retos de aquel misterioso lugar. Así se sentían seguras. Biología y Abecedario tenían muchas cosas en común, pero nunca sabrían de ellas porque no iban a hablar.

Biología era una simpática chica muy resolutiva. Le encantaban todas las cosas que tuviesen vida: ratones, insectos, aves,... ¡Incluso los niños! Abecedario era un enamorado de esos seres.

Letter era una mujercita muy tímida, tan tímida que no se sabía si cuando hablaba era ella o alguien detrás de ella. No se le oía decir una palabra más alta que la anterior. Aunque cuando hablaba en una lengua extraña, sí que se la oía bien. Además daba gusto oírla, aunque no se le entendiera, al menos Alfabeto no le entendía, porque Biología sí ponía cara de saber lo que decía. "Seguro que es porque son amigas y es un sistema de signos codificado"- se decía Abecedario.

Estilográfica era una chica con mucho estilo. Dibujaba, pintaba y vestía de forma muy extraña, o eso pensaba Abecedario. Siempre se la veía cargada de multitud de cosas: unas veces pinturas, otras con lienzos, otras con murales, otras muchas con reglas de diferentes tamaños, formas y colores. Se le veía algo despistada y Abecedario quiso ayudarla.

El caso es que, un buen día, sin saber cómo ni por qué, coincidieron todos en una misma sala. Abecedario y Alfabeta iban hablando de sus letras. Biología y Letter conversaban en la extraña lengua. Y Estilográfica iba cargada, como siempre, de multitud de botes de pinturas. Cada uno iba a lo suyo hasta que… ¡Boom!

-¡Qué ha pasado! – dijo Abecedario

-What happened! – gritaron Letter y Biología.

- La pobre Estilográfica, que se le han caído los botes de pintura. – descubrió apenada Alfa.

Todos corrieron a ayudar a Estilográfica. Se rieron al ver la cara de preocupación que tenía la muchacha. Colocaron todos los botes donde Estilográfica les dijo y les agradeció la ayuda prestada a todos con una enorme sonrisa. Todos ya se conocían, por lo menos el nombre, aunque no habían hablado entre ellos. Así que empezaron a charlar.

Abecedario se sentía muy feliz, no se sentía solo, y hacía tanto tiempo que no recordaba esa sensación. Escuchaba hablar a sus nuevas amigas y le encantaba oírlas. "Esto no puedo dejarlo así. Me gusta esta sensación y debo hacer lo posible por mantenerla." Se decía Abecedario en el interior de su cabeza.

La conversación no terminó allí. Continuó en la calle. Abecedario no quería que terminase, ¡estaba muy feliz! Pero sabía que no debía abusar.

Los días pasaban y todo iba muy bien. Con Alfa se encontraba muy seguro y notaba que había un cariño mutuo. Con Estilográfica tuvo oportunidad de hacerle un bonito regalo, muy femenino a su parecer, aunque le supuso enfrentarse al duro mundo de las tiendas de mujeres. Al revés ocurrió con Letter. Fue ella quien le regaló un original ambientador para su casa; y Abecedario lo acogió con una felicidad enorme: "¡Me hacen un regalo! ¡Se acuerdan de mí!"

Pero no sabía qué podía hacer con Biología. Intentó decirle cosas bonitas, pero había veces que parecía no gustarle. Le ayudaba en su trabajo, pero no sabía si así iba a perder esa buena relación que tenían y que le hacía no sentirse tan solo. Hasta que un día se le ocurrió montarle una fiesta. "¡Esa idea no puede fallar!"

Para montar la fiesta necesitaba ayuda y sabía a quién tenía que pedírsela: a sus amigas. Iba a ser la mejor fiesta jamás conocida. Además iba a ser una gran fiesta para los cinco. A Abecedario le gustaban las fiestas, pero ya no recordaba cómo se preparaban. No tardaron en prestarle su ayuda. Tenían que preparar una fiesta sorpresa.

Alfa decidió poner la fecha el día de su cumpleaños, era muy importante que toda fiesta tuviese una fecha porque a Biología le gustaban mucho los números. Letter quiso que en la fiesta no faltase ni comida ni bebida, incluso ella prepararía cookies. "No sé qué son, pero seguro que están buenísimas o buenísimos" se decía Abecedario. Estilográfica no sabía qué hacer, aunque podría decorar todo el lugar.

-Pero, ¿dónde la hacemos?- se preguntó Estilográfica, que estaba preocupada por el lugar que le tocaba decorar.

- ¡En mi almacén de libros! – gritó entusiasmado Abecedario. – De eso me encargo yo.

Todavía no era primavera, pero las flores empezaban a surgir, cuando llegó el día de la fiesta. Todo estaba preparado. Había que hacer llegar a Biología al lugar de la fiesta. Letter se comprometió a ello. "¡Ya se me ocurrirá algo!"

El lugar estaba precioso. Todo muy decorado. No faltaba de nada. Y de comer había una gran variedad. Lo que más le sorprendió a Abecedario fueron las cookies porque sabían a galletas. Pero nunca se lo iba a decir a Letter, no fuese a enfadarse.

De repente, se escuchó la voz de Letter y Biología al otro lado de la puerta. Alfabeta corrió a apagar la luz de la sala y se escondieron todos.

Al abrir la puerta Biología y encender la luz… "¡SORPRESA!" ¡Qué cara de felicidad se le quedó a Biología! Eso es lo que querían todos para ella.

La fiesta fue de lo más divertida. Hablaron, rieron, contaron chistes, bailaron, cantaron,… y en un momento dado Abecedario quiso leer un poema que había escrito para la homenajeada. Todas le animaron a leerlo en voz alta:

Las estrellas en el cielo
iluminan nuestros sueños de ilusión,
pero para nosotros, Biología,
alumbras más que el sol.

La amistad de estos meses
no la voy a olvidar jamás,
guarda en tu memoria
y en tu corazón esta verdad.

Nosotros somos tus amigos
y te queremos un montón,
sentimos este cariño
gracias a tu gran corazón.

Las palabras de Abecedario alegraron a las cuatro nuevas amigas. Alguna dejó escapar alguna lágrima de emoción, porque sentían que reflejaba el gran cariño que se tenían. Abecedario estaba muy feliz. Tenía AMIGAS que no le hacían sentirse solitario.

Fueron muy felices durante muchos años juntos y comieron pastel naranja que hizo Estilográfica. Y colorín colorado este cuento se ha acabado.

Contenido